L'HISTOIRE COMMUNALE

MOYEMONT

PAR

Paul CHEVREUX

Ancien élève de l'Ecole des Chartes,
Membre titulaire de la Société d'Emulation des Vosges,
Archiviste du département.

ÉPINAL
V. COLLOT, IMPRIMEUR
—
1883

Extrait des Annales de la Société d'Emulation des Vosges

HISTOIRE COMMUNALE

INTRODUCTION.

Depuis quelque temps, les études historiques se trouvent entraînées vers les classes rurales, vers le peuple des campagnes. On recherche quelle fut dans le passé, et spécialement pendant cette sombre période du moyen-âge, la vie du paysan français. On comprend enfin l'intérêt qu'il y a à mettre en lumière cette lamentable série de calamités, dont pendant des siècles nos villages furent le théâtre et nos aïeux les victimes.

Un des meilleurs moyens d'atteindre ce but est de donner le plus d'extension possible à l'histoire communale, de provoquer en un mot la publication de nombreuses monographies détaillées des communes.

Tous ces villages petits et grands, enfouis au fond des vallées ou accrochés au flanc de nos montagnes, ont chacun leur individualité distincte ; ce sont des personnes ayant leur vie propre : nous les voyons naître et grandir, tantôt riches et tranquilles, tantôt malheureuses et ruinées ; nous pouvons les suivre enfin dans toutes les phases de leur existence si souvent tourmentée.

Quand un voyageur aperçoit sur sa route les ruines d'un château, ou qu'il traverse un lieudit dont le nom frappe son esprit, et éveille sa curiosité, s'il veut se renseigner et s'il interroge quelque habitant du pays, il n'obtient la plupart du temps qu'un obscur récit légendaire. — « Partout où vous voyez une légende, a-t-on dit, vous pouvez être sûr en allant au fond des choses que vous trouverez une histoire. » — C'est vrai, mais il faut aller au fond des choses, il faut rechercher des témoignages sérieux et solides, il faut que des documents authentiques viennent à l'appui de tous ces récits transmis d'âge en âge.

Plusieurs érudits se sont occupés déjà de cette question de l'histoire communale, les uns, comme M. Bonnabelle dans la Meuse, en publiant d'excellentes monographies de communes, les autres, en proposant différents moyens pour atteindre le but. Je citerai spécialement le *Projet du Livre historique des communes,* de M. de Catalan, membre de la Société académique de Saint-Quentin.

Le projet de M. de Catalan est double.

Il voudrait, d'une part, qu'on instituât des commissions communales chargées de coordonner les documents anciens et modernes intéressant la commune, et des commissions départementales ayant la haute main sur les commissions communales, et dirigeant leurs travaux : du travail de ces commissions sortirait l'histoire de la commune. Voilà pour le passé.

Il propose, d'autre part, d'obliger chaque commune à tenir un registre sur lequel seraient relatés jour par jour les évènements dont elle aurait été témoin. Voilà pour l'avenir.

Ce projet est un de ceux qui doivent être soutenus. Une commission centrale instituée au Ministère de l'Instruction publique élaborerait un plan suivant lequel seraient dressées toutes les monographies. Les commissions départementales, créées dans chaque préfecture, réuniraient les travaux effectués dans le département, leur feraient subir une première révision, écartant les inutilités, comblant les lacunes, et pourrait les soumettre ensuite par cantons ou par arrondissements, à l'examen de la commission supérieure qui déciderait l'impression.

Le travail serait long et difficile; mais il faut considérer que si certaines communes demandent un volume, il en est beaucoup pour lesquelles quelques pages pourraient suffire.

En indiquant les avantages de ce projet largement conçu, il faut bien reconnaître que sa réalisation immédiate rencontrerait des obstacles. Aussi, en attendant, il me semble qu'il appartient aux Sociétés savantes de prendre l'initiative de cette œuvre.

Chaque société départementale instituerait dans son sein un comité qui s'occuperait spécialement de l'histoire communale, et dont le rôle ne se bornerait pas à mettre tous les ans au concours la monographie d'une ou plusieurs localités et de distribuer des récompenses aux meilleurs travaux.

Ce comité devrait rechercher d'abord, dans le département, les communes dont l'histoire peut être actuellement écrite à l'aide des titres d'archives dès maintenant inventoriés et mis au jour, faire ensuite un appel à tous ceux qu'intéresse l'histoire du passé, leur indiquer la marche à suivre, les documents à consulter, les guider dans leurs essais, examiner enfin et modifier, s'il y a lieu, les travaux envoyés. Il s'occuperait aussi de la question matérielle de l'impression, indiquerait les monographies jugées dignes de figurer dans les *Annales de la Société*, et, pour les autres, s'adresserait aux municipalités intéressées, aux membres des conseils, en vue de couvrir les frais, d'ailleurs peu considérables pour les petites communes, de publication.

La tâche qui incomberait surtout à ce comité (et j'insiste sur ce point) serait d'indiquer exactement pour chaque commune les fonds d'archives à consulter. Car pour le simple curieux qui veut écrire l'histoire d'un village, cette première difficulté se présente : comment se renseigner, où chercher pour réunir les documents nécessaires, à quelle source puiser?

Dans le département des Vosges, un nombre considérable

de villages étaient, avant 1790, des seigneuries dépendant des puissantes maisons religieuses qui couvraient le territoire, telles que les abbayes de Senones, d'Étival, de Moyenmoutier, de Mureau, de Chaumousey, les chapitres de Saint-Dié, de Remiremont, d'Épinal, etc., etc. Ces établissements furent supprimés à la Révolution, et leurs archives, fort importantes, réunies, en vertu de la loi du 5 brumaire an V, au dépôt central du département. C'est dans ces archives des abbayes et chapitres supprimés qu'on doit chercher et qu'on trouve toute l'Histoire de nombreux villages vosgiens. Quelques-uns de ces fonds ecclésiastiques, notamment ceux d'Épinal et de Saint-Dié, sont dès maintenant inventoriés, et l'inventaire en cours de publication paraîtra cette année. Les analyses contenues dans cet Inventaire sont nombreuses et détaillées, et très souvent elles peuvent suffire sans qu'il soit nécessaire de recourir aux originaux. La monographie de la petite commune de Moyemont (1), donnée plus loin comme exemple, est entièrement extraite de l'Inventaire imprimé des archives du chapitre de Saint-Dié, déposées à la préfecture.

La Société d'Émulation du département des Vosges a bien voulu donner son approbation au projet que je lui ai soumis. J'espère que, grâce à son appui, l'œuvre de l'Histoire communale fera des progrès dans les Vosges, et je serai heureux si cette courte étude peut être utile aux travailleurs de bonne volonté ! Raconter le passé du plus petit village français, c'est apporter une pierre à l'édifice de l'Histoire nationale, c'est rendre hommage à la Patrie, enfin, c'est contribuer au développement de ce qu'il y a de meilleur en nous, l'amour du sol natal.

---

(1) A la suite de la monographie de Moyemont, se trouve un plan de travail que pourraient peut-être consulter avec fruit les personnes, notamment MM. les instituteurs, qui voudraient écrire l'histoire d'une commune.

HISTOIRE

COMMUNE DE MOYEMONT

I.

Le village de Moyemont est situé dans le département des Vosges, à 8 kilomètres de Rambervillers. chef-lieu de canton et à 22 kilomètres d'Épinal, chef-lieu de l'arrondissement et du département. Son nom lui vient de sa situation sur une colline de moyenne élévation (1). On ne peut assigner de date certaine à la fondation de cette commune. Il est probable qu'elle remonte à l'époque gallo-romaine. Des monnaies romaines ont été trouvées plusieurs fois sur son territoire. La voie romaine qui se dirigeait vers Raon-l'Étape, le Donon et Strasbourg passe dans les bois de Moyemont.

Nous n'avons aucune notion sur Moyemont pendant les périodes mérovingienne et carolingienne. D'ailleurs, la véritable individualité des communes rurales ne remonte guère qu'à l'époque de l'établissement de la féodalité. Alors, le pouvoir se morcelle à l'infini, et chaque agglomération devient une seigneurie ayant sa vie propre, son maître déterminé, ses mœurs, ses coutumes.

Moyemont fut une de ces seigneuries.

---

(1) 1114. *Medius Mons.* — XIII⁰, XVIIᵉ siécles, Moyenmont; puis Moyemont.

II.

Vers 660, Dieudonné, évêque de Nevers, abandonnant son diocèse, vint dans les Vosges, et s'établit au confluent de la Meurthe et du ruisseau de Robache : il nomma Val de Galilée le vallon qui s'étendait devant lui, et ce fut l'origine du monastère de Saint-Dié. Ce couvent célèbre qui fut plus tard sécularisé, et devint le chapitre des chanoines de Saint-Dié, ne possédait guère au VIIe siècle que le territoire proprement dit du Val de Galilée; mais sa domination s'étendit peu à peu du VIIe au XIIe siècle : les rois Childéric II, Thierry IV et Childéric III confirmèrent ses privilèges, augmentèrent ses biens, et, en 1114, dans un diplôme de confirmation donné par l'empereur Henri IV, on trouve mentionné au nombre des seigneuries du chapitre Moyemont, « *Medium Montem cum appendicis suis.* » Les empereurs Frédéric Barberousse en 1157, et Henri IV en 1196 confirmèrent à nouveau les droits du chapitre.

Cette seigneurie de Moyemont, appartenant originairement aux chanoines de Saint - Dié, ne fit que grandir dans le cours des siècles, et différents droits de moindre importance, que possédaient encore à Moyemont plusieurs seigneurs, furent successivement abandonnés au chapitre.

En 1228, Thierry Roille Malle, chevalier de Romont, lui laisse tous ses biens à Moyemont, Bult et Padoux.

En 1291 et 1323, Henri, comte de Vaudémont, vend au chapitre son droit de gîte à Moyemont, et reconnaît aux chanoines le droit de régler la taille et d'exercer la haute justice dans tout le ban du village.

En 1364, Henri de Vaudémont, sire de Joinville et Sénéchal de Champagne, engage au chapitre pour 300 florins d'or les revenus qu'il avait à Moyemont ; il se réservait le droit de réachapt en rendant la somme prêtée ; mais ni le sénéchal ni ses héritiers n'exercèrent ce droit, et le chapitre resta en possession de toute la seigneurie jusqu'à la Révolution.

III.

Outre leurs droits seigneuriaux, tailles et dîmes, les chanoines possédaient à Moyemont une maison seigneuriale ou *Franche-Maison,* qui était le siège de leur haute justice en ce lieu. Il y avait dans cette maison une prison et un carcan destiné à l'exposition des criminels. Ils possédaient encore en propre, comme dépendance de leur Franche-Maison, un gagnage qui se composait en 1560 de 130 jours de terres arables et de 43 fauchées de prés qu'ils affermaient : ces biens ne cessèrent d'augmenter. Le fermier payait au chapitre une redevance qui était en 1613 de 68 resaux de froment et à l'hôpital de Saint-Dié une rente de 14 resaux; il était tenu de fournir le taureau et le bouc à Moyemont, d'héberger quatre fois par an le dignitaire du chapitre qui portait le titre de prévôt du Chaumontois et les chanoines de sa suite : en retour, le chapitre lui abandonnait une partie de ses dîmes de Moyemont, Saint-Genest, Ortoncourt et Badménil; il avait le droit d'exiger par an de chaque habitant sept journées de corvée pour labourer, faucher, sarcler dans les terres du chapitre; mais il était tenu de porter aux travailleurs du pain, de l'ail, du sel et de l'eau, et, à leur retour des champs, de leur donner à dîner.

En 1700, le chapitre passa un marché avec Jean Bardin, maître charpentier à Moyemont, pour la reconstruction intégrale de la Franche-Maison, moyennant 6,000 fr. lorrains : les travaux furent exécutés en 1702. En 1727, une somme de 600 livres tournois fut affectée à l'agrandissement et aux réparations de l'immeuble.

En 1716, le chapitre afferma non plus seulement sa Franche-Maison avec ses dépendances, mais tout ce qu'il possédait à Moyemont, terres, droits, rentes, redevances, dîmes. Il ne se réserva que la création des officiers de justice de la seigneurie, les amendes, les confiscations provenant de procédures criminelles, le prix de la vente des bois et la tenue des plaids-annaux.

Le fermier était tenu de loger et défrayer les chanoines pendant leur séjour à Moyemont, de servir une rente annuelle de 6 francs à la fabrique de Saint-Dié, de fournir au grand-prévôt 21 resaux et au chapitre 120 resaux de blé et 8 chapons en plumes, enfin de payer un canon annuel de 2,130 francs de Lorraine. En 1760, le canon annuel est de 2,540 livres.

IV.

Il y avait à Moyemont, comme officiers représentant le chapitre, un maire, un doyen, un échevin, un forestier et des bangards.

Tous les ans, au mois de mai ou de juin, le chanoine chargé de l'administration de la seigneurie qui portait le titre de Prévôt du Chaumontois se rendait à Moyemont pour y tenir les plaids annaux et procéder à la création des officiers. Les habitants étaient prévenus la veille, et devaient, sous peine d'amende, se trouver réunis devant la maison seigneuriale au jour indiqué. Le maire sortant de charge, tenant une baguette à la main, s'adressait au Prévôt et le remerciait de l'avoir honoré de l'office de maire ; puis les habitants se retiraient pour nommer d'autres officiers ; ils présentaient une liste de 9 d'entre eux parmi lesquels le Prévôt choisissait le maire : si aucun des noms proposés ne lui plaisait, il avait le droit de redemander jusqu'à trois fois la présentation de nouvelles listes. Les autres officiers étaient élus de la même façon ; puis le prévôt leur faisait prêter le serment de « bien et fidèlement administrer la justice, entretenir les droits et authorités du Chapitre et de s'acquitter exactement de leurs charges et offices. » Enfin le Chanoine donnait lecture à haute voix des droits du Chapitre.

Voici quelle était, à la veille de la Révolution, la situation de la seigneurie de Moyemont.

Le Chapitre est haut, moyen et bas justicier. Il possède une maison seigneuriale avec droit de troupeau à part et de colombier. Il nomme le maire, le doyen, l'échevin, le forestier et les bangards.

Les actions civiles, réelles et personnelles s'intentent en 1re instance par devant le maire et les gens de justice de Moyemont ; l'appel va au Buffet du Chapitre à St Dié, et de là à la cour souveraine. Quant aux affaires criminelles, la compétence en appartenait d'abord aux gens de justice de Moyemont : dans la suite, elles furent portées directement au tribunal de la Pierre-Hardie, siège de justice du Chapitre à St-Dié. Les officiers des chanoines rendaient leur jugement qui ne devenait définitif qu'après l'avis des échevins de Nancy, à qui on envoyait les pièces du procès. Le criminel était ensuite remis aux mains du prévôt temporel de St-Dié, chargé de l'exécution de la sentence.

Le Chapitre avait droit de *relevage* (relief) dans toute succession immobilière : l'héritier était tenu, dans les 40 jours qui suivaient le décès, de payer au maire de Moyemont 2 quartes de vin : à défaut de payement, la succession était acquise au Chapitre.

A Moyemont, la charrue entière devait au Chapitre 4 resaux d'avoine et la 1/2 charrue 3 resaux.

Les habitants étaient tenus de charroyer depuis leur village jusqu'à St-Dié les grains des dimes de Rozelieures, Borulle, Moriviller, Giriviller, moyennant un blanc par resal et leur logement et nourriture à St-Dié ; (en 1710, ils furent dispensés de cette obligation moyennant une rente annuelle de 150 francs).

Ils paient à la St-Remy, par chaque bête tirant à la

charruo, 1 gros 1 *aillet* ou denier lorrain : les seigneurs voués de Moyemont prenaient le 1/4 de cette redevance (1). Ils payaient encore une redevance annuelle de 6 gros par *conduit* ou feu, pour l'exemption du four banal accordée par le Chapitre en 1614.

Le Chapitre percevait la 1/2 du droit d'entrée de ville de tout étranger venant s'établir à Moyemont : ce droit était de 30 francs ; la seconde moitié restait à la communauté. — Le droit de tenir cabaret était de 10 francs.

D'après le pied-terrier de la seigneurie, dressé en 1773, le Chapitre, outre la maison seigneuriale et les jardins, possédait en terres, 240 jours, 6 omées, 12 toises ou verges, dont 177 jours environ de terres arables et 62 fauchées de prés ; ces biens étaient situés lieuxdits « ez preys de la ville, à la Core, à la Morte Corvée, à la Prairie Dauphine ou aux Rayeux. »

Enfin, d'après un partage en 1778 de la forêt de Moyemont entre la communauté et le Chapitre, celui-ci possédait 1275 arpents de bois.

V.

Outre ces divers revenus, il faut mentionner les dîmes, redevance ecclésiastique.

Comme seigneur haut justicier, le Chapitre avait à Moyemont le droit de patronage, c'est-à-dire le droit de nommer le curé ; mais originairement, il ne possédait que la partie honorifique de ce droit, c'est-à-dire que les revenus ecclésiastiques, les dîmes ne lui appartenaient pas, mais étaient à l'évêque de Toul. Ce ne fut qu'en 1310 que Jean d'Arzilières, évêque de Toul, *en considération des faibles ressources du Chapitre*, lui donna les revenus de l'Église de Moyemont pour être distribués aux chanoines qui assis-

____

(1) Les seigneurs de Châtel-sur-Moselle étaient voués de Moyemont.

teraient aux offices. En retour, le Chapitre devait assurer au vicaire perpétuel ou curé une somme annuelle de 30 livres toulois : cette portion qui formait le traitement du curé était prélevée sur les dîmes de la paroisse.

En 1319, le curé Henry transigea et accepta au lieu de 30 livres toulois le 1/3 des grosses dîmes et la 1/2 des menues. De nombreuses contestations s'élevèrent aux XVIe, XVIIe et XVIIIe siècles entre les chanoines de St-Dié et les curés de Moyemont : il fallut un arrêt de la cour souveraine, en 1730, pour régler le différend. Le curé dut se contenter, comme en 1319, du 1/3 de la grosse dîme et de la 1/2 de la menue ; le chapitre resta en possession des 2/3 de la grosse et de la 1/2 de la menue. Cette proportion était d'ailleurs la règle à-peu-près constante.

Outre sa part dans les dîmes, le curé de Moyemont jouissait des revenus du bouverot (1) de la cure, qui se composait à la fin du XVIIe siècle de 41 jours de terres arables et de 18 fauchées de prés.

Les habitants de Moyemont, surtout au XVIe siècle, ne paraissent pas avoir donné l'exemple d'une piété fervente. En 1584, il fallut que l'official de Toul, au cours de sa visite de Moyemont, ordonnât aux échevins de fournir au curé custodes, chopinettes, aubes, draps d'autel, chasubles, graduel, bière et draps pour les morts, toutes choses qui faisaient entièrement défaut. Il dut aussi défendre aux paroissiens de danser devant l'église le jour du St-Sacrement, « de faire autres insolences, yvrongneries et querelles ledit « jour, blasphèmer le nom de Dieu, autrement sont déclarez « excommuniez. » Enfin, il se plaint vivement de voir l'église si mal entretenue par les habitants et si dépourvue de tout « qu'au jour de Noël dernier, dit-il, le sieur curé dudit lieu fut contraint pour faire l'office divin de prendre chandelles de suifz, chose honteuse et piteuse à veoir. »

---

(1) On appelait *Bouverot* ou *Bouvrot*, un bien qui appartenait en propre à chaque cure.

Avant la Révolution, Saint-Genest était succursale de Moyemont, où le curé aux XVIIe et XVIIIe siècles avait un vicaire. L'église de Moyemont est sous l'invocation de Saint-Pierre-aux-Liens.

VI.

En écrivant l'histoire d'une commune, il faudrait laisser une large place au récit des souffrances qu'ont endurées les habitants, surtout s'il s'agit d'une commune rurale, si l'on s'occupe du paysan, ce déshérité de tous les âges. Les querelles des seigneurs, les invasions, les pillages, la guerre, la peste ont désolé tour à tour pendant des siècles les campagnes de Lorraine, et il est difficile d'imaginer situation plus misérable que celle du paysan lorrain pendant cette sombre période du moyen-âge, et même jusqu'aux temps modernes. Nos archives nous ont conservé le souvenir de bien des désastres : mais que de ruines entassées, que d'incendies allumés, que de tortures subies sans que l'histoire en ait gardé la plus légère trace!

Le village de Moyemont eut à souffrir comme tant d'autres : il fut incendié, pillé, ravagé, détruit.

Dès le XIIIe siècle, des seigneurs, en contestation avec le chapitre de Saint-Dié, se vengeaient en mettant la main sur ses possessions ; et en 1294, les chanoines obtinrent du pape Célestin V une bulle les autorisant à frapper d'excommunication les ducs, comtes, barons et chevaliers qui s'empareraient de leurs biens ou emprisonneraient leurs sujets, « *contra manifestos occupatores et detentores bonorum ecclesie Sancti Deodati.* »

Au XIVe siècle, le chapitre renouvela ses menaces; malgré cela, en 1370, un écuyer de Bourgogne, Jean de Saint-Remy, accompagné de Jean d'Harmonville et de Guillaume Morel, vint ravager Moyemont; le chapitre se servit de l'arme alors puissante qu'il avait entre les mains : il excommunia le pillard qui dut faire réparation. Deux ans après, le village et l'église furent de nouveau pillés et incendiés par Jean de Noyers, seigneur de Rimaucourt, et Jean et Odet des Prés : les chanoines lancèrent une seconde fois l'excommunication, et le village parvint à renaître.

En 1381, les habitants supplient le chapitre de les protéger contre les gens d'armes de Rambervillers, appartenant au seigneur de Blâmont qui, à plusieurs reprises, les ont pillés et maltraités.

En 1409, c'est le châtelain de Romont (*de Rufomonte*) qui fait une incursion contre les paysans de Moyemont, et emprisonne cinq d'entre eux dont il confisque les chevaux et voitures.

Plus tard, vers 1468 ou 69, Moyemont est encore une fois incendié et totalement détruit. Les chanoines s'adressèrent à leur tour en suppliants au duc de Lorraine, Jean de Calabre, dont ils réclament la protection. Ils exposent que le maréchal de Bourgogne, Thiébaut de Neufchâtel, s'efforce de s'emparer de leur seigneurie de Moyemont, qu'il confisque les biens de leurs sujets, qu'il coupe leurs bois, lève de lourdes contributions et fait enlever les grains du chapitre : « Sont venuz, disent-ils, les gens d'armes
» du maréchal de Bourgogne de sa ville de Châtel audit
» Moyemont auquel lieu premier ont bouttez le feux en la
» grant mason desdictz doyen et chapitre, en l'église dudit
» lieu, et conséquemment ez maisons de ladite ville, excepté
» une maison, tellement que la dicte église entièrement
» lez ornementz, sacremens, les cloches fondue et toutes
» aultres choses estant en ladite église ont estées brulées
» consumées et de tout mises à destruction avec toute ladite
» ville qui est chose piteuse à veoir. »

Cette fois, le désastre était complet et le village mit un long temps à sortir de ses ruines. Cependant dès la fin du XVe siècle, il s'est reconstitué : car on trouve en 1499 une sentence du lieutenant du bailly de Nancy, Pierre de

Bourmont, qui reconnait les droits de haute justice du chapitre à Moyemont.

Vers 1583, la communauté de Moyemont paraît avoir eu quelques velléités de rébellion contre les droits du chapitre : mais cette mutinerie n'eut pour les mutins d'autre résultat que de leur faire payer aux chanoines de fortes amendes.

La période la plus doulourense à traverser pour Moyemont comme pour tant d'autres communes fut celle de la guerre de Trente ans. On sait ce que fut cette guerre pour la Lorraine et quelles ruines elle amoncela. Les Suédois en 1635 « s'abattirent sur notre pays comme sur une proie dévolue à leur cupidité. » Ils parcoururent les campagnes, brûlant et massacrant tout sur leur passage, Les malheureux habitants n'avaient que leurs bois pour refuge. Plus de 500 villages furent détruits, et le souvenir des Suédois est resté vivace jusqu'à nos jours au fond des hameaux lorrains.

De 1635 à 1650, la ferme que possédaient les chanoines à Moyemont resta entièrement déserte et abandonnée, les terres incultes : quant aux habitants, ils s'étaient réfugiés dans le bois, et en 1650, ils se trouvaient être au nombre de 10 ou 12. Le chapitre afferma ses biens en 1650, mais l'année suivante, le fermier ne put payer sa redevance, « et ce, dit-il, à cause de l'armée de Lorraine, n'ayant » osé demeurer audit Moyemont à cause des courses de » soldatz qui ne permettoient à personne de demeurer » chez soi. »

VII.

Les archives du chapitre de Saint-Dié nous ont conservé le souvenir de plusieurs affaires criminelles, qu'on pourrait appeler les causes célèbres de Moyemont. Ces affaires présentent un certain intérêt, tant au point de vue de la procédure suivie qu'à celui des peines infligées et de l'exécution des jugements.

En 1548, un voleur de Moyemont est condamné (toujours, selon la coutume, d'après l'avis des échevins de Nancy) à être mis au carcan, fustigé par les carrefours de Saint-Dié, et banni du pays de Lorraine.

En 1562, le curé de Moyemont, Thirion Virion, fut assassiné : un habitant du village, Nicolas Villemin, accusé du meurtre, prit la fuite ; et les gens de justice du chapitre à Moyemont, après « avoir adjourné ledit Villemin » à comparoir pour la quatrième fois par haulte voix » intelligible par les rues plus fréquentaibles dudit vil- » laige, » le déclarèrent en état de contumace. La servante du curé, prévenue de complicité dans le crime, fut condamnée à mort, mais on ajourna l'exécution, l'accusée se trouvant enceinte lors de sa condamnation.

Un infanticide en 1676 est puni du bannissement et de la confiscation des biens.

Au XVIIIᵉ siècle, en 1753, quatre cavaliers du régiment de Dauphin étranger, compagnie de Roussigny, en quartier d'hiver, sont convaincus d'assassinats commis à Moyemont, et parviennent à s'enfuir. La justice du chapitre les condamne « à avoir les bras, jambes, cuisses et rheins » rompus vifs sur un échafaud, et être mis ensuite chacun » sur une roue, la face tournée contre le ciel pour y » finir leurs jours, ledit jugement exécuté en effigie. » .

Jusqu'à la veille de la Révolution, les chanoines ne perdirent aucune occasion de faire reconnaître leurs droits de haute justice. Ainsi, en 1779, une femme de Moyemont accusa un habitant du village de l'avoir séduite : l'affaire fut portée en première instance devant la haute justice du chapitre à Moyemont, et, en appel, au bailliage royal de Lunéville. Immédiatement, il y eut revendication du chapitre prétendant être en possession immémoriale de connaître par ses officiers de Saint-Dié de l'appel des sentences de Moyemont, et un arrêt rendu au Parlement de Metz vint confirmer les droits des chanoines.

VIII.

Pendant tout le XVIe siècle, et une partie du XVIIe, les justices ecclésiastiques et laïques exercèrent leurs rigueurs contre le crime stupide de « vénéfice et sortilège. » La Lorraine alors fut en proie à une véritable épidémie de sorcellerie : partout on voyait des sorciers et des sorcières : il n'y avait pas de village où l'on ne put désigner le lieu ordinaire des réunions nocturnes. Le procureur général de Lorraine, l'odieux Nicolas Remy, « qu'on a surnommé le Torquemada lorrain », dans l'espace de moins de 10 ans, fit brûler plus de 900 personnes. Ce fut comme un vent de folie qui souffla sur nos villes et nos campagnes pendant près d'un siècle.

Parmi les villages des Vosges, Moyemont s'est tristement rendu célèbre par le grand nombre des victimes qu'il fournit aux bûchers de St Dié ; et jusqu'à notre époque s'est perpétué le souvenir des sorciers de Moyemont.

Un grand nombre de procès de sorcellerie nous ont été conservés. A Moyemont, pendant l'extrème fin du XVIe siècle, et le commencement du XVIIe, on peut relever les noms suivants de sorciers et de sorcières, condamnés et brûlés : Barbe, femme de Jean Remy Collin, Jeannon, femme de Claudon Houat, Didier Mathis, Jean Gérard, Claudette, femme de Claudon Colas Perrin, Jeannon Marchal, François Marchal, Nicole Gourat, Orriot.., etc..... Et combien d'autres encore dont les procès ne sont pas parvenus jusqu'à nous !

Tous ces procès varient peu, et l'on reste confondu devant le degré de superstition, de bêtise et de cruauté que peut atteindre l'esprit humain. Les aveux et les récits des sorciers se ressemblent, ou du moins n'offrent que de légères différences. Ce fait n'a rien d'étonnant: on était tellement habitué à attribuer la mort, les maladies, la grêle, la foudre à l'influence des sorciers, une telle obsession pesait sur les esprits qu'il est tout naturel de voir les sorciers et les sorcières raconter dans les tortures, avec de légères variantes, les histoires dont ils avaient la tête si remplie ; et il n'est pas très rare de rencontrer de malheureuses femmes qui, en proie à une sorte d'hallucination, avouent de leur plein gré, sans tourments, presque avec orgueil, leurs rapports avec le diable et sont convaincues de leur qualité de sorcières et de leur assistance au Sabbat.

Généralement, la sorcière était emprisonnée sur la plainte des habitants du village. Interrogée, elle commençait par nier : alors, on la soumettait à la torture, après l'avoir rasée par tout le corps ; les supplices employés étaient surtout ceux de l'*échelle* sur laquelle l'accusée étendue était « détirée », les *grésillons*, sortes de menottes rougies au feu, de *l'eau* qu'on entonnait dans le corps (ce dernier supplice était un des plus douloureux). Presque toujours, après la torture, la sorcière entrait dans la voie des aveux.

Le diable était venu la trouver un jour où elle éprouvait un grand chagrin ou une violente colère : il était habillé de noir : elle s'était donnée à lui et avait renié Dieu ; le diable qui, à Moyemont, s'appelle M⁰ Percin, après l'avoir griffé au front et, suivant l'expression du temps « connu charnellement », lui avait donné de trois sortes de poudres : « de la noire pour faire mourir, de la grise pour languir, « et la blanche à guérir. » Elle avouait ensuite qu'elle s'était servie de ces poudres pour donner la mort, qu'elle avait détruit les récoltes, qu'elle avait porté au sabbat une hostie consacrée reçue le jour de Pâques ; elle racontait ce qui se passait au sabbat, où elle se rendait tantôt à pied, tantôt à cheval sur un bâton. A Moyemont, le sabbat avait lieu le mercredi ou le jeudi « en un lieu dit au Pinat (1), où il y a un bois et joignant un prey. »

---

(1) C'est aujourd'hui un lieudit *devant Pinot*, de la section B ou de Longchamp du plan cadastral.

Là on dansait « au son d'une flûte jouée par un habillé de noir », les assistants portant des masques ; puis on mangeait de la chair sans pain ni sel, on frappait les ruisseaux avec des baguettes blanches données par Me Percin, ce qui produisait la grêle. On lui demandait si elle avait reconnu d'autres sorcières au sabbat et presque toujours elle donnait les noms d'habitants de son village. Il n'en fallait pas plus pour faire emprisonner ceux qu'elle désignait, et les malheureux ainsi dénoncés ne tardaient pas à rejoindre sur les bûchers leurs dénonciatrices.

Quand un sorcier ou un sorcière avait ainsi confessé son crime, le châtiment ne se faisait pas attendre.

Voici en quels termes l'arrêt était rendu dans la justice du Chapitre de St-Dié : il s'agit toujours d'une sorcière de Moyemont.

« Veu de nouveau par le soussigné procureur d'office
« pour Messieurs les vénérables doyen, chanoines et chapitre
« de Sainct-Diey, le procès extraordinairement instruict
« à sa requeste par les maieur et gens de justice pour mes
« dictz seigneurs, au dict Sainct Diey, contre Barbe, femme
« à Jean Remy Colin leur subject, du village de Moyemont,
« prévenue du crime de sortilège et vénéfice, et de ce subject
« détenue ez prisons de mes dicts sieurs du moings à la
« garde du doyen de la dicte justice, scavoir l'information
« préparatoire, son audition de bouche, récolement et
« confrontation des tesmoings produictz contre elle, sin-
« gulièrement le procès-verbal de la question à elle donnée,
« contenant ses confessions tant volontaires qu'autre sur
« et touchant les maléfices qu'elle a commis, et notamment
« d'avoir abuzé de la Saincte Eucharistie avec diverses actz
« de sa persistance en icelles confessions, dict et maintient
« le dict procureur que ladicte Barbe est suffisamment
« attaincte et convaincue dudict crime de sortilège, pour
« réparation de quoy il requiert qu'icelle soit condampnée,
« d'estre conduicte par l'exécuteur de haulte justice au
« duché de Lorraine au carquant, à la veue du peuple et,

« de ce pas, au lieu où l'on a accoustumé supplicier les
« délinquentz, y attachée contre un posteau expressément
« dressé, et estranglée tant que mort s'ensuyve, son corps
« ars et bruslé, ses biens déclairez acquis aux seigneurs
« qu'il appartiendra, sur iceulx au préalable prins les frais
« de justice raisonnables. Faict au dict Sainct Diey, le
« quinziesme jour du mois de juin 1613. *Signé :* J. CLÉMENT
« avec paraphe.

« Les maître eschevin et eschevins de Nancy qui ont
» veu de rechef la procédure extraordinairement instruicte
» par les maieur et gens de justice de Moyemont, contre
» Barbon, femme de Jean Remy Colin, demeurant au dict
» Moyemont, prévenue de sortillège et venéfice et notam-
» ment ce qu'a esté faict depuis leur dernier advis de
» penultiesme mois, année présente, dient que par là dicte
» procédure est la dicte prevenue suffisamment atteinte
» et convaincue du dict crime ; pour réparation de quoy
» y a matière d'adjuger au procureur d'office du dict lieu
» ses fins et conclusions cy dessus, saulf qu'il faudra
» estrangler la dicte prévenue après avoir vivement senty
» l'ardeur du feu. Faict à Nancy, en la chambre du conseil
» de l'auditoire, le dix-septiesme de juin mil six cens et
» treize. *Signé :* N. Bourgeois, maître eschevin, et Guichard,
» Bernecourt, Noirel, Bourgeois, et Maimbourg, esche-
» vins. »

Presque toujours, les interrogatoires le prouvent, les
sorcières avouaient dès qu'elles étaient appliquées à la question. On en voit pourtant quelques-unes persister à nier
malgré l'atrocité de la torture ; celles-là, on les renvoyait
« jusques à rappel » : on ne pouvait condamner au feu
l'accusée qu'après lui avoir arraché des aveux. Une pré-
tendue sorcière de Moyemont, Claudette Poirot, mérite, dans
ce genre, d'être citée.

Cette malheureuse fut dénoncée comme sorcière en 1613.
Sa mère avait été brûlée pour le même crime : elle était
toute désignée. On l'emprisonna. Elle subit deux fois la

question, mais eut la force de ne rien avouer, et elle fut
renvoyée « jusques à rappel. » Cinq ans après, les gens
du chapitre la firent arrêter de nouveau, et aucune torture ne put encore lui arracher un aveu. On trouve dans
ses réponses la navrante expression de son désespoir :
« elle prie Nostre Seigneur vouloir faire congnoistre la vé-
» rité de ses actions, elle recongnoit qu'en ce monde il
» n'y a plus de bien pour elle, et elle scait qu'elle ne
» peut eschapper d'avoir la question tant que son corps
» en pourra porter, » elle fut encore renvoyée. L'année
suivante, en 1609, emprisonnée de nouveau, elle put subir
une troisième fois la torture sans laisser échapper un aveu.
Il fallait que cette misérable servante fut douée d'un cou-
rage héroïque, et eût l'âme chevillée au corps, pour avoir
pu endurer de telles souffranees. Cette fois, les gens du
chapitre durent rendre une sentence définitive ; mais ce
ne fut pas un acquittement : ne pouvant brûler l'accusée,
ils la frappèrent de bannissement, et les termes du jugement méritent d'être conservés.

« Nous, Jean de Guerre, mayeur pour Messieurs les vé-
» nérables doyen, chanoine et chappitre de l'église insigne
» de Sainct Diey, residant audict Sainct Diey, qui avons
» reveu et considéré trois divers procès extraordinairement
» instruicts, contre Claudatte Poiret, fille et natifve de
» Moyemont, subjecte de Mesdictz sieurs, prévenue et fort
» attaincte du crime de sortilège et vénéfice, le premier
» par les mayeur et gens de justice de Mesdictz sieurs
» audict Sainct Diey, à la requise de leur procureur d'of-
» fice, en l'an mil six centz et treize, le second par les
» officiers dudict Moyemont, à la requeste du procureur
» d'office de Chaulmontoy, en l'an dernier mil six cents
» dix-huict, et le troisième depuis deux à trois mois en
» ça, en suitte des denonciations plainctes et guerimonies
» nouvelles, faictes par le peuple dudict Moyemont, récla-
» mans sans cesse, contre les mauvais vie, fame et renom-
» mée de ladicte Claudatte, à l'esgard dudict crime, scavoir

» trois diverses informations préparatoires, aultant d'au-
» dition de bouche, que récollement et confrontation d'ung.
» nombre infiny de tesmoings produictz contre elle, les
» deux acts ou procès-verbaux des questions à elle données,
» au contenu des deux advis de Messieurs les Maitre Es-
» chevin et Eschevins de Nancy, les tourments desquelles
» elle a enduré, sans avoir peu l'esmouvoir à entrer en
» confession de ses malefices, et que des responces qu'elle
» a faict à la troisième procédure, il conste qu'elle est
» toute preste de subir aussy volontairement lesdicts tour-
» ments, que sy elle n'en recepvait aulcune incommodité,
» resoulue de mieulx mourir, que de venir à la conviction
» de ses maléfices, nous et chacuns lesdictz poincts meu-
» rement examinez, et sur iceulx au préalable heu l'advis
» des sages. Disons par ceste nostre sentence diffinitifve
» et à droict qu'il y a juste subject pour lever l'horreur
» et scandal que ladicte Claudatte apporte à ses cohabitans,
» voire pour luy procurer à elle-mesme du repos, en suitte
» des submissions qu'elle a faict, de se vouloir de son
» plain gré retirer dudict village de Moyemont, de la re-
» léguer dez à présent dudict villaige dudit Moyemont,
» lieu ordinaire de sa résidance, pour maintenant et à
» toujours, comme aussy de toutes les terres et seigneuries
» de Mesdicts sieurs les vénérables, et s'abstenir doresna-
» vant et pour jamais, d'y aller résider, hanter et fréquenter,
» à telle peine que de droict, à quoy faire nous l'avons
» condamnée et condampnons dès à présent par ceste nostre
» dicte sentence. Ainsy prononcée audict Sainct Diey, en
» la présence de ladicte Claudatte, amenée qu'elle a esté
» au lieu de la Pierre Hardie ce jourd'huy vingt cinquième
» du mois de febvrier, mil six cents dix-neuf. Présens Jean
» Didier, Nicolas Grandclaude et plusieurs aultres bourgeois
» dudit Sainct Diey tesmoings. »

Ces exécutions de sorciers durèrent jusqu'en 1632. Après
cette époque, il y eut encore des procès de sorcellerie :
on confisquait les biens, mais on ne brûlait plus. Enfin

en 1672, une ordonnance de Louis XIV défendit aux tribunaux de connaître des matières de sorcellerie.

On voit par ce rapide exposé qu'il n'y eut pas de siècle qui ne fût marqué pour Moyemont par quelque fléau. Aux XIIIe et XIVe siècles, ce sont les pillages des seigneurs voisins, au XVe, les invasions des Bourguignons, aux XVIe et XVIIe, ce sont les procès de sorcellerie, la guerre de Lorraine, les Suédois, la peste. Pendant la seconde moitié du XVIIe siècle et pendant le XVIIIe, la situation des campagnes fut meilleure, et la population de Moyemont augmenta. En 1672, la déclaration des sujets de la seigneurie porte 22 laboureurs, chefs de famille, 3 veuves et une fille tenant ménage. En 1760, il y a 57 laboureurs et 17 veuves et filles.

Anciennes divisions. — Un arrêt de 1557 déclare que Moyemont fait partie du bailliage de Nancy, prévôté de Rosières. En 1685, les bailliages lorrains de Nancy, Saint-Mihiel, Étain, Épinal, de Vosges et d'Allemagne furent supprimés et remplacés par les bailliages d'Épinal et Longwy, et les présidiaux de Toul, Verdun, Saarlouis et Metz. Moyemont se trouva placé dans le ressort du présidial de Toul, prévôté de Rozières-aux-Salines. A partir de 1751, Moyemont fit partie du bailliage et de la maîtrise de Lunéville.

Au spirituel, Moyemont appartenait au doyenné d'Épinal, diocèse de Toul. Il passa ensuite à l'évêché de Nancy, puis à celui de Saint-Dié.

XIII.

A la formation du département, en 1790, Moyemont fit partie du canton de Domèvre-sur-Durbion, district de Rambervillers, département des Vosges.

Le nombre des citoyens actifs était de 52.

La valeur de la journée de travail de 20 sous.

Les biens du chapitre furent séquestrés et vendus comme

biens nationaux. Ils s'élevaient, sans compter la maison seigneuriale et ses dépendances, à 192 jours de terre et 46
fauchées.

Les biens propres de la cure comprenaient 40 jours et 32
fauchées.

Les Annonciades d'Épinal possédaient à Moyemont 94 jours
et 22 fauchées, mais n'avaient aucun droit seigneurial : ces
biens furent également déclarés biens nationaux.

Enfin deux émigrés étaient propriétaires à Moyemont, et
eurent leurs biens confisqués : Jean-Dominique L'huillier,
qui était d'une famille originaire de Moyemont, et Hyacinthe
Antoine de Marcol, conseiller à la Cour des Comptes, à Nancy.

Comme partout avant la Révolution, c'était le curé qui, à
Moyemont, tenait les registres de l'Etat civil, ou plutôt des
baptêmes, mariages et sépultures. Le 24 octobre 1792, le
curé Lacaille remit le registre au maire et au greffier de
Moyemont et de Saint-Genest : il signa cependant encore les
actes pendant plus d'un an, non pas comme curé, mais comme
officier public.

L'église de Moyemont fut incendiée en 1800 : tel est le seul
fait que nous ayons à signaler pendant cette période.

XIV.

Lors de l'organisation de l'an VIII, qui subsiste encore
aujourd'hui, Moyemont fit partie du canton de Rambervillers et de l'arrondissement d'Épinal.

STATISTIQUE DE LA COMMUNE.

Population ;

En 1830. . . . . 430 habitants.
En 1860. . . . . 436 —
En 1881. . . . . 435 —

Nombre d'électeurs en 1881 :

Municipaux. 131
Politiques 2
———
133 électeurs en tout.

Superficie en hectares :

1230 hectares.

Genres de cultures :

Blé.	150 hectares.
Avoine.	100 —
Seigle	5 —
Orge	1 —
Méteil	0 —
Fèves et féveroles	2 —
Pois	2 —
Lentilles	0 —
Pommes de terre.	40 —
Betteraves.	2 —
Carottes	1 —
Navets, raves, turneps. . .	0,50 —
Tabac	0,20 —
Houblon	1,30 —
Vignes.	17 —
Trèfle	21 —
Luzerne	20 —
Sainfoing.	5 —

Prairies naturelles :

145 hectares.

Forêts totales :

539 hectares 79.

Têtes de bétail :

Espèce chevaline.	78
Espèce bovine.	270
Espèce ovine. . . « . .	137
Espèce porcine	232
Espèce caprine	26
Poules.	700
Oies.	20
Canards	20
Pigeons	10
Lapins.	200

Situation financière.

Les revenus annuels de Moyemont s'élèvent à 4698 francs. Valeur du centime : 27,83. Nombre total des centimes : 48. Le nombre des conscrits de la classe de 1882 est de 5.

Voies de communication.

Le territoire de la commune est traversé par le chemin de grande communication n° 32 (2e catégorie),

Moyemont est une.des stations du chemin de fer de Charmes à Rambervillers. La gare, située à 1100 mètres du village, a été terminée en septembre 1871.

Instruction.

. Moyemont est pourvu d'une école publique communale

de garçons et d'une école de filles. Les revenus de l'instituteur sont de 1150 francs de traitement fixe, et 550 fr. de revenus accessoires, greffe, chant, etc. Le nombre maximum d'élèves est de 47. La bibliothèque scolaire renferme 266 volumes. L'institutrice congréganiste (congrégation de Portieux) a 450 fr. de traitement fixe ; le nombre maximum d'élèves est de 38.

XV.

L'église a été reconstruite, la tour en 1860 et la nef et le chœur en 1866. Le chœur seul est voûté. On a conservé pour la nef et le chœur les anciens murs jusqu'aux assises des fenêtres. Il reste au côté droit de la nef la trace de l'ancienne porte du XVIIe ou XVIIIe siècle aujourd'hui murée. En somme, rien de bien intéressant. On trouve à l'intérieur une assez belle chaire en chêne sculpté du XVIIIe siècle.

La maison seigneuriale du XVIIIe siècle subsiste encore, devant l'église, très modifiée par des réparations successives ; près de cette maison se trouve le colombier du Chapitre, construction carrée isolée dont la partie inférieure, voûtée et en contrebas du sol, servait de prison.

L'ancienne cure, située derrière l'église, présente encore un double escalier en pierre du XVIIIe siècle également. Le nouveau presbytère date de 1823.

La maison d'école actuelle et la mairie ont été construites en 1827.

FIN DE LA NOTICE

PLAN D'UNE MONOGRAPHIE DE COMMUNE.

I.

La commune avant 1799.

Situation géographique.

Indiquer l'époque à laquelle le nom de la commune apparaît dans l'histoire, les différentes formes de ce nom pendant le cours des siècles. Rechercher à quel seigneur ecclésiastique ou laïque appartenait la commune. Énumérer les droits seigneuriaux à diverses époques et notamment à la veille de la Révolution.

Culte. A quelle époque remonte la cure ? A qui était le droit de patronage ?

Quelles étaient les redevances ecclésiastiques (dîmes), et la part qui revenait au patron et au curé.

Évènements principaux ; incendies, pillages, dévastations, procès criminels, etc.

Anciennes divisions (prévôté, bailliage ; doyenné, archidiaconé, diocèse).

II.

La commune pendant la période révolutionnaire (1789-an VIII).

Canton et district dont elle fait partie à la formation du département.

Nombre de citoyens actifs.

État des biens déclarés nationaux et vendus comme tels, situés sur le territoire de la commune.

Remise des registres des baptêmes, mariages et sepultures à l'officier de l'etat civil.

Évènements principaux de cette période.

III.

La commune depuis 1800 (organisation de l'an VIII).
Canton et arrondissement dont elle fait partie.

Renseignements statistiques : population à diverses époques; électeurs ; superficie en hectares, genres de culture ; bétail ; commerce ; industrie ; situation financière ; contingent fourni ; voies de communication (gare, routes); instruction publique ; cultes ; établissements de bienfaisance ou de répression, s'il y a lieu ; hameaux, écarts, fermes, censes, etc.

IV.

Monuments de la commune.
Indiquer et décrire s'il y a lieu les monuments existant encore, anciens et modernes : église, mairie, presbytère, école, etc.

—

Epinal, V. Collot, Imp.